A Chris, Eric y Nora

¡Hola! Me llamo Michaella, pero todo el mundo me llama Mika.

Mi color favorito es el verde, pero también me encantan el azul y el naranja. El color que menos me gusta es el marrón, aunque papá dice que si eso fuera verdad, no saltaría en cada charco para llenarme de barro.

Hello! My name is Michaella but everyone calls me Mika.

My favourite colour is green, but I also love blue and orange. My least favourite colour is brown, although dad says that if this were true I wouldn't jump in every puddle I see and get covered in mud!

Como todos los niños, tengo superpoderes: soy capaz de atravesar la cocina en 7 zancadas, en casa soy la absoluta ganadora cuando jugamos a ver quién aguanta más sin hablar y nunca me olvido de las palabras mágicas "gracias" y "por favor".

Like all children, I have superpowers. I can cross the kitchen in 7 strides, at home I always win when we play "who can go the longest without speaking", and I never forget the magic words "please" and "thank you".

Mi superpoder favorito es la imaginación. Con imaginación puedes convertir las cosas más normales en juguetes y los sitios en escenarios de aventuras, así no te aburres nunca. Es especialmente útil cuando vamos a visitar a algunos amigos de mis padres que no tienen hijos.

My favourite superpower is my imagination. With imagination, you can turn normal things into toys and regular places into adventure playgrounds, so you never get bored. It's especially useful when we visit my parent's friends who don't have children.

Mi compañero de aventuras favorito es mi primo Lolo. Todos los domingos vamos a casa de los abuelos y siempre encontramos cosas nuevas que inventar. Una vez hicimos carreras de coches con las cajas de su cortacésped nuevo y su jardín ha sido ya una jungla, un desierto, un bosque encantado y un planeta en el que buscar alienígenas.

My favourite adventure buddy is my cousin Lolo. Every Sunday we go to our grandparent's house and we always find new things to invent. Once, we played racing cars with the boxes of their new lawnmower and their garden has already been a jungle, a desert, an enchanted forest and a planet where we looked for aliens.

A veces su perra Nosey juega con nosotros; otras veces está cansada y se esconde detrás del sofá del abuelo. Mamá dice que es porque está mayor, pero yo creo que no tiene tanta imaginación como nosotros y no entiende nuestras aventuras.

Sometimes their dog, Nosey, plays with us but sometimes she is tired and hides behind Grandad's sofa. Mum says it's because she's getting old, but maybe she just doesn't have as much imagination as us and doesn't understand our adventures.

Lolo tiene solo 3 meses menos que yo, pero yo soy mucho más alta que él. Sus colores favoritos son el amarillo, el rojo y el morado, y el que menos le gusta es el gris. Creo que es porque le recuerda a la pared de cemento que hay en su cole, donde les castigan si se portan mal.

Lolo is only 3 months younger than me, but I am a lot taller than him. His favourite colours are yellow, red and purple. He likes grey the least, I think it's because it reminds him of the wall in his school where they make all the kids stand if they misbehave.

A los dos nos gusta jugar en el jardín, los trenes y los helados de la caravana del parque, aunque yo siempre me lo pido de fresa y él de chocolate. A mí me gusta más el fútbol y Lolo es insuperable en tenis. Él quiere ser profesor y yo quiero escribir historias y hacer películas. Me ha prometido que va a leer mis cuentos en sus clases, y yo a él que voy a ponerle su nombre a un personaje de cada cuento.

We both like playing in the garden, we like trains, and we love ice-cream from the ice-cream van in the park, although I always ask for strawberry and Lolo gets chocolate. I like football and Lolo is unbeatable at tennis. He wants to be a teacher and I want to write films and stories. He has promised me that he will read my stories in class, and I have promised him that I will name a character after him in each book I write.

Hace unos meses estábamos hablando con mi padre sobre por qué a veces la gente nos trataba de forma diferente por ser un niño o una niña, y por qué parecía que había cosas que eran para chicas y otras para chicos, y cosas que podía hacer uno, pero el otro no debía. Papá nos dijo que, aunque el mundo está cambiando, todavía la gente hacía esas distinciones y que deberíamos intentar que no nos afectara.

A few months ago, we were talking to my dad about why sometimes people treated us differently for being a boy or being a girl, and why it seemed that there were some things for girls and others for boys and things that one could do but the other shouldn't. Dad told us that even though the world is changing, people still make strange distinctions and that we should try not to let them affect us.

A los pocos días nos compró un cuaderno a cada uno y nos propuso un juego: cada vez que algo nos pareciera diferente para chicos y chicas lo teníamos que apuntar; los domingos en casa de los abuelos podríamos hablarlo los tres y él nos ayudaría a entenderlo.

Así que Lolo y yo nos hemos hecho coleccionistas de esas historias, que papá dice que se llaman discriminaciones. Tenemos muchas, aunque algunas se repiten todo el rato.

Chica
Chico
Chica
Chico

A few days later he bought each of us a notebook and invented a game. Every time something seemed different for boys and girls we would write it down, and on Sundays, at Granny and Grandad's house, the three of us could talk about what we'd written and he would help us understand it.

So Lolo and I have become collectors of these stories, which Dad says are called discrimination. We have collected lots of them, but there are some that we see again and again.

Siempre que nos ve jugando en el jardín o cuando llego manchada de barro, la vecina de los abuelos me dice que tengo que aprender a ser una señorita. A Lolo no le dice nada aunque vaya mucho más sucio que yo. Papá nos ha confirmado nuestras sospechas: las señoritas siempre van limpias, no corren en el jardín y no saltan en los charcos; tampoco gritan como los indios ni buscan alienígenas.
Ser una señorita parece muy aburrido.

Whenever Granny and Grandad's neighbour sees us playing in the garden, or when we get covered in mud, she always tells me that I have to learn to be a lady. She doesn't say anything to Lolo even when he is a lot dirtier than me. Dad confirmed our suspicions: ladies are always clean, they don't run in the garden or jump in puddles, or shout like the Indians or look for aliens. Being a lady sounds very boring.

Casi siempre me callo cuando me lo dice y sigo jugando, pero el otro día le respondí que no tenía ninguna intención de ser una señorita, que por ahora me estaba gustando mucho ser una niña. Se rio y me dijo que tenía razón y que siguiera disfrutándolo, que era indudable que se me daba muy bien. Hasta me dio un caramelo que tenía en la chaqueta. Estaba muy sorprendida porque pensaba que se iba a enfadar.

I almost always keep quiet when she says this and just continue playing, but the other day I said that I had no intentions of being a lady because for now I was really enjoying being a girl. She laughed and told me I was right and that I should continue enjoying it as I'm very good at it. She even gave me a sweet from her jacket pocket. I was very surprised because I thought she was going to be angry.

Mamá dice que puedo elegir cuándo quiero ignorar algo y cuándo quiero responder; que solo yo sé cómo quiero manejar cada situación y que no todas las personas ni todas las situaciones son iguales. Me gusta saber que no hay ninguna respuesta correcta, así no puedes equivocarte. Y menos mal, porque Lolo es mucho más tímido que yo y él prefiere no discutir nunca ni ser el centro de atención. No creo que le hubiera dicho nada.

Mum says I can choose when I want to ignore something and when I want to respond. She says that only I know how to manage each situation and not all people and all situations are the same. I like to know that there is no right answer because that means that you can't ever be wrong! This is great, because Lolo is much shyer than I am and prefers not to argue or be the centre of attention. I don't think he would have said anything to her.

Por ejemplo, cuando jugamos, yo siempre me pido ser la jefa de la expedición o la capitana del barco pirata y a él nunca le importa; dice que mis historias son más divertidas y que le dan igual esas cosas mientras los dos pasemos un buen rato.

Aun así la gente dice que soy una mandona. Papá nos ha dicho que podemos poner en el cuaderno de la colección por qué a los niños no les dicen mandones cuando son los capitanes de los juegos.

For example, when we play I always ask to be in charge of the expedition or to be the captain of the pirate ship and he doesn't mind. He says that my stories are more fun and that those things don't matter to him as long as we are both having a good time.

Even though we're both happy, people still call me a "little miss bossy boots".
Dad told us that we can put that in our notebooks because boys never get called bossy when they are the ones leading the games and battles.

A Lolo y a mí nos encantan los abrazos de la abuela; huele a lavanda y siempre lleva chaquetas suavecitas. Cuando la gente ve a Lolo en brazos de la abuela, le dicen que se está haciendo un flojito y un ñoño. Cuando yo soy la que está en sus brazos, nadie me dice nada.

A la abuela le da igual y nos abraza a los dos la misma cantidad de tiempo, incluso a veces a los dos a la vez. Lo hemos apuntado en el cuaderno porque no entendemos que el mismo abrazo pueda ser diferente para dos niños.

Lolo and I love hugs from Granny, she smells like lavender and always wears soft cardigans. When people see Lolo hugging Granny they tell him that he's being soft and that he's a "Mummy's boy".

When I hug her, nobody says a word. Granny doesn't care and hugs us both equally, sometimes even at the same time. We put this in our notebook because we don't understand how the same hug can be different.

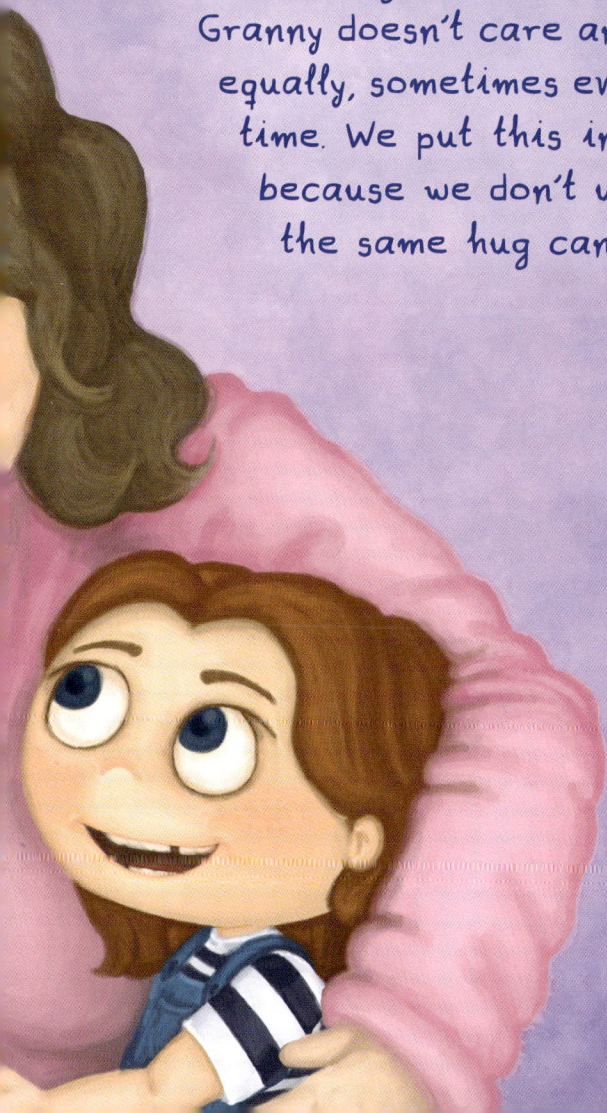

Papá dice que, efectivamente, se merece estar en el cuaderno, porque a los chicos no se les fomenta ser cariñosos o ser sensibles. Nos recordó que él llora más que mamá, sobre todo en las películas, y que no le da nada de vergüenza. Así que apuntamos también que a los chicos se les dice que no deben llorar, porque eso es "de niñas".

Dad says that this definitely deserves to be in the notebook because boys often aren't encouraged to be affectionate or sensitive. He reminded us that he cries more than mum, especially at films and that he's not embarrassed about it. So we also wrote down that boys are told not to cry because crying is "for girls".

Una de las cosas que más se repite en nuestro cuaderno son las expresiones como "es de niñas", "como una niña" incluso "te ha ganado una niña" o "hasta ella lo ha hecho, y eso que es una niña". Parece que ser una niña es un insulto, como si significara que eres peor en los juegos, que eres más débil y que haces las cosas sin esforzarte, que las niñas solo lloran.

One of the most repeated things in our notebook are expressions like "that's for girls" or "like a girl" even "you were beaten by a girl" or "why can't you do it? Even she did it, and she's a girl". It seems that being a girl is an insult, it seems to mean that you are worse at games, weaker, don't try hard at things and all you do is cry.

Tuvimos una conversación muy larga con papá al respecto. Nos dijo que esta expresión era muy fea porque, además de hacer sentir mal al niño, por cosas tan normales como llorar, perder en un juego o ser cariñoso, insultaba a las niñas como si serlo fuera algo de lo que estar avergonzado y no orgulloso. Como si de alguna manera fuera malo.

We had a very long conversation with Dad about it. He told us that it was a particularly bad expression because not only did it make boys feel bad, by mocking them for things that they shouldn't feel bad about, like crying, losing a game, or being affectionate, but it also insulted girls as if it was something to be ashamed of instead of proud of. Like if somehow it were bad to be a girl.

La semana pasada fuimos a dar un paseo Lolo y yo con el abuelo, los 3 solos. Normalmente no lo hacemos, pero la abuela estaba en el médico y él quería llevarnos de día especial a un pueblo muy bonito que hay a 30 minutos en coche. ¡Qué bien nos los pasamos! Cogimos cerezas de los árboles, nos enseñó los nombres de plantas que hay cerca del río y vimos una iglesia muy vieja, con una campana que sonaba muchísimo cada hora.

Last week Lolo, Grandad and I went for a walk, just the three of us. Normally we don't, but Granny was at the doctors and he wanted to take us to a very pretty village which is 30 minutes away by car.

We had a great time! We picked cherries from trees, he taught us the names of plants near the river and we saw a very old church with a bell that rang very loudly every hour.

Antes de volver a subirnos en el coche, pasamos por una tienda de recuerdos y el abuelo nos compró un llavero a cada uno para que nos acordásemos del día. Yo elegí uno de una mariposa, de madera, con el nombre del pueblo escrito por detrás. Lolo no sabía si coger uno igual al mío o uno de un lagarto; al final eligió la mariposa también.

Before we got back in the car we passed a souvenir shop and Grandad wanted to buy us both a keyring so we could remember the day. I chose a wooden butterfly with the name of the village written on it. Lolo didn't know whether to pick the same as mine or a lizard. In the end, he chose the butterfly as well.

El abuelo, que cuando lo escogí yo estaba encantado con mi elección, no parecía muy convencido con que Lolo tuviera uno igual y no paraba de insistirle en que cogiera el del lagarto, porque era más de niños. Eso fue lo que hizo que Lolo se decidiera por la mariposa, como si quisiera dejarle claro que eso le daba igual.

Grandad, who seemed to be happy when I chose mine, didn't seem very convinced by Lolo having the same one and kept insisting that he should chose the lizard instead, because it was more boyish.

This was what made Lolo choose the butterfly. He wanted to make clear that it didn't matter.

Le contamos en el viaje de vuelta nuestro juego con papá y que él había caído en las mismas cosas que la gente de nuestro cuaderno. Que las mariposas son animales, que no son ni para niños ni para niñas, y que nos parecía muy raro que alguien pensara que la misma cosa o la misma situación estaba bien para uno, pero no para el otro.

On the way home, we told him about our game with Dad and how he had done the same thing as the people in our notebook. We told him that butterflies are only animals, and that they are neither for boys or girls; we said how strange we found it that someone thought the same thing or situation was right for one person but not for the other.

El abuelo nos escuchó sin decir nada y cuando acabamos de hablar nos dio la razón. Nos dijo que nunca lo había pensado y que era, evidentemente, una tontería. También nos dijo que estaba muy orgulloso de nosotros y que él mismo se iba a comprar un llavero de mariposa la próxima vez que fuera al pueblo. Así se acordaría siempre de no tratarnos de forma diferente.

Grandad listened to us without saying anything and when we finished talking he told us that we were right. He said that he had never thought of it that way and admitted that it was obviously silly. He also told us that he was very proud of us and that he was going to buy himself the same butterfly keyring the next time he went to the village, as a reminder not to treat us differently.

¡Así que hemos descubierto un nuevo superpoder! El de concienciar a los adultos, que siempre son los que nos enseñan a nosotros, de estas cosas de las que a veces no se dan cuenta. Ha funcionado con el abuelo y con su vecina, y seguro que si, en este tipo de situaciones, recordamos a los mayores que los niños somos solo niños, conseguiremos que se den cuenta muchos más.

So, we have discovered a new superpower! Adults are normally the ones who teach kids, but we kids can also help adults think and learn from the things that they sometimes don't notice. It worked with Grandad, and with his neighbour, and I am sure that if we remind adults in these situations that children are only children, we will be able to make them realise so.

Y espero que con este mismo superpoder te haya convencido a ti también de que puedes ser quien quieras, seas un niño o una niña. Puedes saltar y ensuciarte, o ser el líder del juego, o preferir no ser el centro de atención, puedes llorar, y te pueden gustar los abrazos y cualquier animal o color. Porque tú eres tú y eso es lo único que importa.

I hope that with my new superpower, I have convinced you as well. You can be whoever you want to be, no matter if you're a boy or a girl. You can jump and get dirty. You can be the leader of a game, or you can prefer not to be the centre of attention. You can cry, and you can like hugs and any animal and any colour. Because you are you and that is all that matters.

Gracias infinitas a los que han hecho este libro posible.

Thanks a million to all of those who have made this book possible.

Christopher McEldowney, Irene Méndez, Almudena Bonet, Ben McEldowney, Javier Ganzalez, Juan Francisco Moreno, Katie Wallace, Liz Skelcher, José Ramón Méndez, María de los Ángeles Mesón, Tere Contreras, Billie Margaill, Caroli Dorta.

Y a todos los demás que me habéis apoyado a lo largo del camino.

And everybody else that has been there, supporting me all along the way.

©Virginia Méndez, 2019

Ilustraciones de Paula Vigil

I.S.B.N.: 978-1-916138-30-8
Impreso en España
Printed in Spain

www.mikalolo.com
hello@mikalolo.com

Empieza aquí tu propio cuaderno

Start here your own notebook

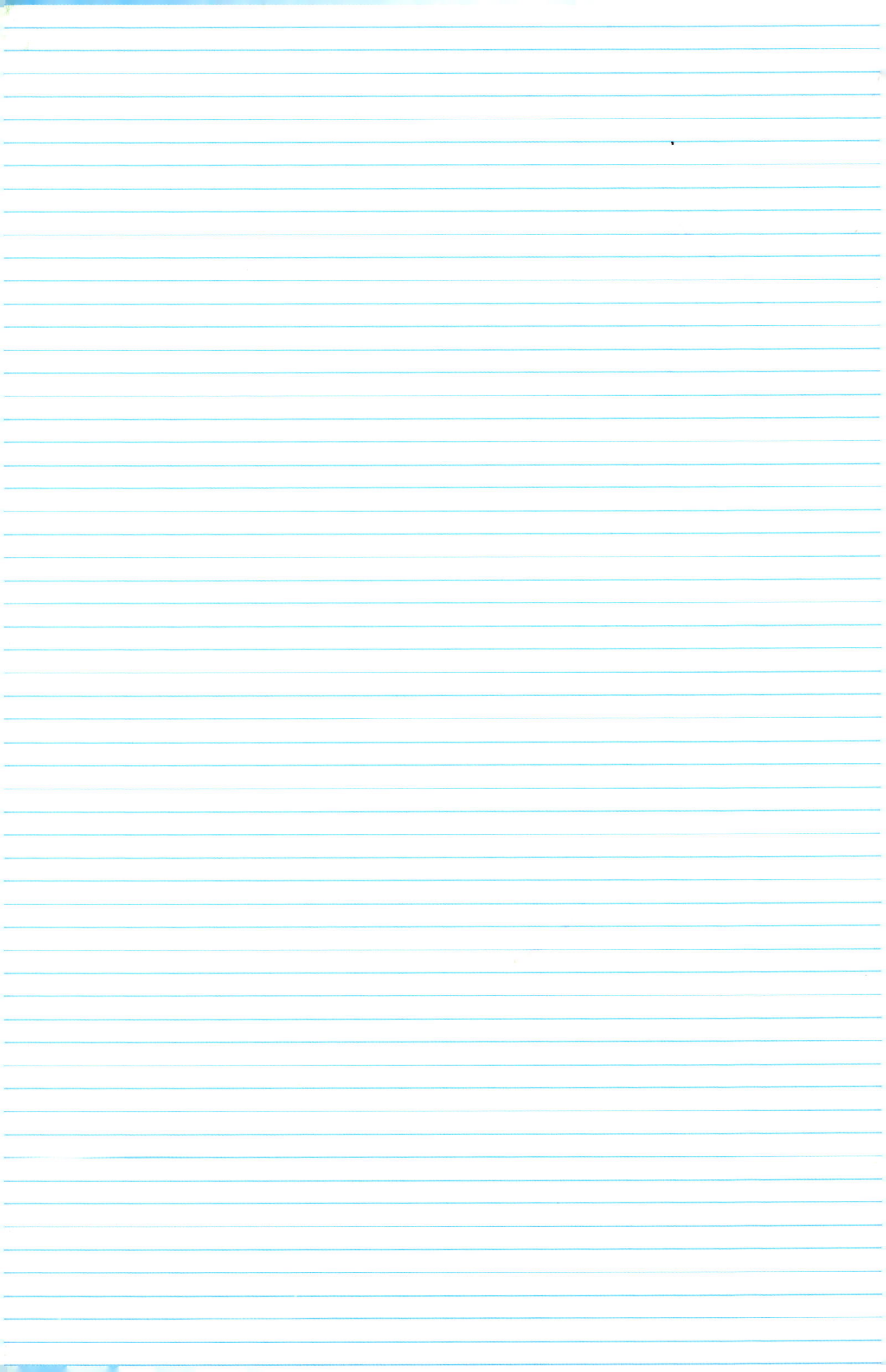